AF309149

LA
SAINTE FACE
DE NOTRE SEIGNEUR

au Monaſtere de Montr'œil les Dames,
& maintenant au bas de Laon.

SVR L'EXTRAIT D'VN LIVRE
fort approuvé, qui porte en titre, Les rayons
éclatans du Soleil de Juſtice.

A LAON;

Par A. RENNESSON, Imprimeur & Libraire,
proche la porte du Cloître de Nôtre-Dame.

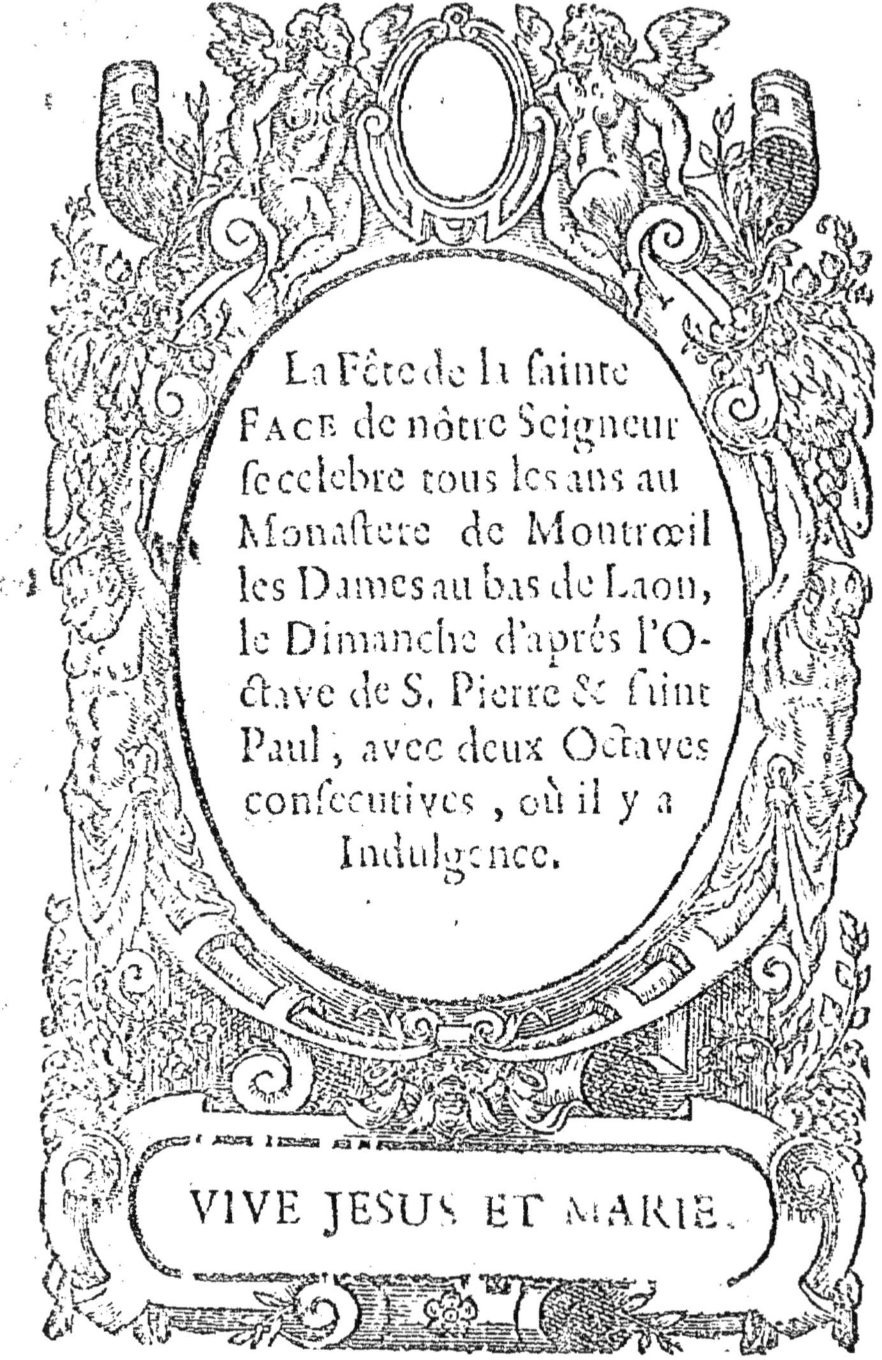
La Fête de la sainte
FACE de nôtre Seigneur
se celebre tous les ans au
Monastere de Montrœil
les Dames au bas de Laon,
le Dimanche d'aprés l'O-
ctave de S. Pierre & saint
Paul, avec deux Octaves
consecutives, où il y a
Indulgence.

VIVE JESUS ET MARIE.

A TRES-NOBLE

ET TRES-VERTUEUSE DAME, MADAME

CATHERINE

DE LONGUEVAL,

TRES-DIGNE ABBESSE
de Montr'œil les Dames,
au bas de Lion.

Ce petit Livre tout salut.

MADAME,

Mon Auteur eût fait un monstre de ce cahier, si à la mode du monde, il luy eût

mis en tête le grand éclat de vos vertus;
dont la moindre excederoit son ouvrage.
C'est pourquoy, sagement il a mieux aimé
laisser en blanc tous vos justes Eloges, que
d'en faire d'autres preuves que par ce genereux silence, que vôtre humilité luy a
fait commander.

Mais, MADAME, en luy fermant la
bouche, vous ne pouvez pas l'empêcher de
donner l'oreille à la voix commune de la
France, qui publie hautement que le plus
beau tresor du monde est entre les mains
d'une des plus sages des Abbesses, & dans
un Diocese qui possede visiblement toutes les
richesses imaginables aux yeux des hommes
sur la terre : La divine Face du Sauveur
(que vous avez;) Une sainte Larme
de ses yeux, & une Epine de sa Cou-
ronne, à Origny sainte Benoîte; L'image
sacrée de Nôtre-Dame, à Liesse: Enfin

mille autres saintes Reliques par tout ailleurs.

MADAME, c'est trop dire, le monde n'aime pas long discours, chacun veut peu & bon : vendre bien cher, & avoir tout à bon marché, dit saint Augustin, c'est tout ce qu'on desire. De sorte que ne faisant icy que le pressis d'un grand volume, pour le donner à meilleur prix, mon Auteur a trouvé le moyen d'en faire plus grand debit parmy le pauvre peuple, & comme il juge bien que la bourse du tems est un peu affoiblie par la guerre, qui l'a vuidé de sa force, il traite ce pauvre malade en empyrique, luy presentant icy seulement un peu d'essence d'un Livre, qu'il prendra plus facilement qu'un autre qui luy couteroit davantage, & peut-être sans plus d'effets ; puisqu'une matiere étenduë est de moindre vertu, que non pas celle qui en peu de mots renferme son esprit.

Approuvé donc, MADAME, ce deſſein, que mon Auteur accommode à l'humeur du pauvre peuple ; mais comme il prend ſes lumieres des rayons éclatans du Soleil de Juſtice de vôtre Religieuſe Maiſon ; ſouffrez auſſi, pour les renvoyer à leur ſource, qu'il les offre aux yeux de cette divine Face, qui par les merites de vos ſaintes Prieres, detournant miſericordieuſement de ſes pechez, ſon regard foudroyant, luy donnera ſans crainte la liberté de vous aſſeurer à ſes pieds, qu'il eſt,

MADAME,

Vôtre tres-petit & tres-obeïſſant ſerviteur en N S. P. P. D. S. 2. C.

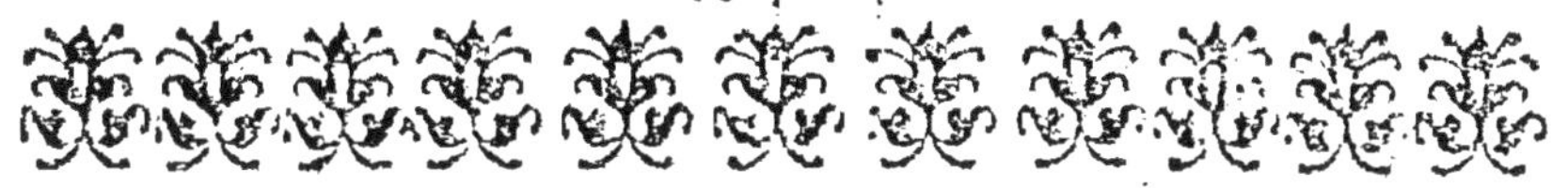

HISTOIRE VERITABLE DE LA SAINTE FACE DE NÔTRE SEIGNEUR.

En son origine, son progrez, & sa fin.

Trois Chapitres en trois mots.

CHAPITRE I.

La sainte Face de N Seigneur en son origine.

LA devotion des ames saintes est toûjours reconuë de Dieu, sa bonté écoute leurs desirs, & son cœur se laisse effectivement toucher de leurs instances, quand elles regardent sa gloire & leur salut.

Il y avoit long-tems que les devotes Filles de S. Bernard, les Dames de Montrœil, soûpiroient en leurs Oraisons comme des Anges, aprés la veuë bien-heureuse de la Face de Jesus-Christ leur Seigneur & leur divin Epoux;

quand par inspiration de Dieu elles eurent la pensée de s'adresser à Rome, pour en obtenir du moins icy bas devant les yeux quelque image parfaite. Le desir de voir ce qu'on aime bien, est non seulement naturel, mais loüable, puissant & genereux.

Elles avoient ouy dire (comme il est vray) que le Sauveur du monde allant au Calvaire, avoit imprimé les traits de sa Face sur le linge qu'une femme devote luy presentoit pour essuyer ses yeux ; merveille qui pour ce sujet fut appellé *la Veronique*, du nom de cette Dame, & qui fait encore aujourd'huy l'une des saintes Reliques du tresor de Rome.

Cette lumiere augmenta leur ardeur, & la poursuite de leur bon dessein, changea leur saint desir en esperance, sur ce qu'alors l'Abesse de ce Convent avoit à Rome un frere prés de sa Sainteté, pour leur servir de puissant Avocat. Elles écrivent, elles demandent, elles prient avec tant de larmes & soûpirs, qu'il semble qu'on pouroit leur appliquer ce que dit autrefois le Fils de Dieu, *O femme qu'il vous soit fait selon vôtre desir.* Voicy comment.

Extrait de l'Histoire veritable.

L'An 1249. Me. Jacques Pantaleon, natif de Troyes, homme de grand merite & probité, Archidiacre de Laon, Chapelain du souverain Pontife Innocent IV. aprés les diverses instances de Mad. sa sœur Abbesse de Montrœil, pour avoir & adorer à leurs yeux cette sainte Face de nôtre Seigneur, conservée dans l'Eglise du Vatican ; ne pouvant pas obtenir du College Apostolique qu'elle sortit de Rome : Par la permission du Pape, il fit venir un Peintre pour en faire tirer un veritable portrait, & l'envoyer à ces Dames Religieuses qui le passionnoient avec tant de devotion.

Mais, ô Dieu ! que vos inventions sont admirables, & vos desseins au dessus de l'attente des hommes, aux premiers rayons éclatans des yeux de cette divine Face, le Peintre perd l'usage des sens, son pinceau luy tombe de la main, & comme un saint Paul, aveuglé d'une grande lumiere, tombe par terre, quitte sa toille, abandonne l'ouvrage ; mais par l'aide de Dieu plus que de sa main, dans son Tableau achevé, une sainte Face y paroît avec tant de perfection & de ressemblance avec la premiere, comme si ce n'étoit plus qu'une seule reproduite en deux tableaux; de sorte qu'on peut dire qu'elle est en l'une & l'autre le vray ouvrage de Dieu.

Or c'est icy cette adorable & miraculeuse Face qui fut envoyée de Rome aux Dames de Montrœil, ainsi que nous atteste la Lettre fidele de son Auteur, ledit Sieur Jacques Pantaleon de Troyes, propre frere de l'Abbesse, il y a plus de quatre cens vingt ans.

Il étoit alors Chapelain de sa Sainteté, comme nous avons dit, & puis aprés par sa vertu & son merite, fut luy-méme éleu au souverain Pontificat, & appellé Urbain IV. instituteur de la grande solennité du tres-auguste Sacrement de l'Autel, à la gloire de Je-sus-Christ, & de sa sainte Eglise.

Vous verrez à la fin de ce Chapitre la Lettre de ce saint & souverain Pontife de Rome, le 3. Juillet 1249. dans laquelle vous pourez lire en abregé la verité de nôtre Histoire approuvée par les Docteurs, & imprimée à Reims en 1528. Mais ce que je paſſionne davantage, c'eſt l'eſtime, le reſpect, & la veritable devotion que nous devons porter à ce grand treſor du monde.

Ha! il ne faut que nos yeux, aidez de ceux de la foy, pour adorer la douce Majeſté de ce beau miracle de nature & de grace, qui charme tellement tous ceux qui le contemplent comme il faut, que plus on le voit, & plus on deſire le regarder : l'œil ne peut ſe ſaouler de ſon aſpect ; dans les ombrages de ſes ſouffrances, il y éclatte une ſplendeur de la lumiere eternelle, ce qui me fait ſouvenir, que feu Monſeigneur l'illuſtriſſime Evêque de Laon Philbert de Brichanteau m'a dit autrefois, *qu'il ne voyoit jamais cette Face ſans y remarquer toûjours quelque choſe de particulier & tout divin, que l'on pouvoit bien adorer, mais non pas expliquer par la bouche des hommes.* Auſſi dit-on communemént qu'on la voit toûjours avec des traits qui paroiſſent nouveaux, ainſi que la puiſſance paroît en la diverſité de ſes miracles.

EXTRAIT DU LATIN DE la Lettre, dont il est fait mention cy-devant.

Aux Venerables, devotes, & bien-aimées Sœurs en nôtre Seig. l'Abbesse & Religieuses du Convent de Montrœil ; J ACQUES DE TROYES Archidiacre de Laon, Chapelain de nôtre S. P. le Pape, salut ; & à la fin entiere fruition, jouyssance parfaite, & claire vision du bien souverain desiré de long-tems.

PAR la relation de *nôtre tres-chere Sœur,* Nous avons entendu que d'une ardente affection vous desirez voir & posseder auprés de vous la sainte Face de nôtre Sauveur, qui est en nôtre garde ; c'est à sçavoir, la vraye figure de ce divin Jesus qui a esté vû en la terre & qui a conversé parmy les hommes ; mais plus beau que tous les humains. Et nous ayant esté certifié, que pour la contemplation d'icelle, vos devotes affections en seront avec grand sujet, beaucoup plus enflammées, & vos entendemens purifiez : Nous donc qui de bon cœur voudrions vous procurer toutes choses , par lesquelles vous puissiez acquerir la grace de Dieu en ce monde, & en l'autre cette gloire qui ne finit jamais ; voulant de tout nôtre cœur pouvoir satisfaire aux saints desirs de nôtredite Sœur bien-aimée, Nous vous envoyons ladite sainte Face, & ne prenez pas garde si la beauté de son lustre paroît ternie : ceux qui conservent leur teint sous la fraîcheur d'un air temperé, ne cherchans que leurs plaisirs dans le repos & les delices, peuvent bien avoir la chair blanche & delicate : mais ceux qui vivent dans les champs à l'ardeur du Soleil, sont ordinairement tout halez & noircis ? Ainsi cette Face bien-heureuse a esté alterée en son teint naturel, par l'ardeur du Soleil aux jours de sa tribulation (comme dit le Cantique) pendant que nôtre Seigneur au midy de son amour, travailloit dans le champ de ce monde pour nôtre redemption.

C'est pourquoy nous vous prions avec grande affection pour la reverence de celuy qu'elle represente, que vous la receviez comme la sainte Veronique, qui vaut autant à dire comme la vraye *Image*, & que vous la traitiez avec honneur, douceur & devotion, afin que par le divin regard d'icelle, Dieu vous favorise plus amplement de ses graces. Ayez donc memoire de nous en vos saintes prieres & oraisons.

Fait à Rome l'an de grace 1249. *le 3. Iuillet, le Lundy d'après la fête de S. Pierre & S. Paul.*

CHAPITRE II.
MIRACLES DE LA SAINTE
Face en son progrez.

QUelques merveilles que nôtre Seigneur ait fait, vivant dessus la terre, c'est une verité Evangelique, selon S. Jean 14. que les ames fideles & les Saints, comme il a dit, feroient encore les mémes choses & de plus étonnantes, par la vertu de la grace & la grandeur de leur foy; de sorte que nous pouvons dire comme de luy-méme, que tout ce qui est vray n'est pas écrit, & que l'homme qui est un petit monde, ne pouroit comprendre ny, peut-étre, le grand monde contenir tous les livres que l'on pouroit écrire, tant de ses ouvrages, que de ses Saints.

Certainement les grands miracles que sa
dextre divine a operez, & qu'elle opere encore
tous les jours à la faveur de sa tres-sainte Face,
ne cedent en rien à tous ceux qu'il a fait par
ses serviteurs, soit en leur grandeur, soit en leur
nombre : Mais comme j'ay promis de ne faire
icy qu'un petit extrait de l'Histoire, j'en mar-
queray fort peu, mais aussi veritables que
manifestes.

Les deux premiers, dont nous avons la conoissance, ont esté faits à la faveur d'un bon
Bourgeois, & d'une fille de S. Quentin, dans
le tems que cette sainte Face étoit en ladite
Ville, en l'an 1495. l'homme s'apelloit Denis
le Mercier, lequel aprés avoir esté deux ans &
demy totalement aveugle, le 29. d'Aoust, jour
du martyre de S. Jean Baptiste, adressant ses
Prieres avec foy, larmes, & aumônes, à cette
precieuse Relique de JESUS-CHRIST, reçût
aussi-tôt parfaite lumiere de ses yeux, pu-
bliant par tout cette grace du Ciel.

Une semblable merveille fut reconuë à l'en-
droit de cette jeune fille du nom de Mariette,
qui recouvrit l'usage de sa veuë le 2. Septem-

bre enſuivant, dans la méme Ville; d'où elle fut conduite par ſa mere nommée Peti-gnonne à Moüy, où on portoit la ſainte Face, pour rendre grace à ſon Seigneur.

Un troiſiéme Miracle parût à la Fére le 5. Septembre, où à l'arrivée de ce ſacré Reli-quaire, un honnête Bourgeois en l'extremité de ſa vie, s'étant fait porter tout malade, re-çût auſſi-tôt la ſanté, & du tombeau qu'il attendoit, il ſe leva le lendemain ſur pieds à l'étonnement de tout le monde.

Le 28. dudit mois, en la ville de Crépy en Laonnois, une petite ſille âgée de 7. à 8. ans, nommée Jeannette, reçût encore le benefice de la veuë aux pieds de la ſainte Face, où ſa mere Jeanne Soüillart l'avoit amenée avec foy.

Ne remarquez-vous point icy, ame devote, que par où paſſe ce ſaint Viſage, il laiſſe des effets de la grace de ſes yeux, comme l'an-cienne Arche d'alliance, des marques de ſa benediction dans toutes les maiſons, & les Villes où elle eſt conduite?

Quelque tems aprés, Maître Nicolas le Naim, Chanoine de S. Quentin, s'étant fait

mener

mener à Montrœil les Dames en ce Pelerinage, avec une extreme, non seulement douleur,
mais difformité des yeux, sa devotion ache-
vée, revint en tres-bonne santé, & pour re-
conoissance eternelle de cette grace, offrit à la
sainte Face ces deux yeux d'argent que vous y
voyez, promettât par vœux d'y faire un voyage tous les ans de sa vie, comme il a fait.

De tous ces merveilles & de beaucoup d'autres, informations ont esté faites, témoins
irreprochables ouïs, & la verité manifeste:
mais pour tout abreger, j'ose dire (selon que
porte l'histoire) qu'on a veu des possedez &
demoniacles delivrez de l'ennemy, des mala-
des à l'extremité, des boiteux, des epilecti-
ques, des affligez de toute forte de maux, &
fur tout des yeux, recevoir secours & entiere
consolation, à la veuë, ou seulement aux approches de ce divin Visage du Sauveur.

Ames Chrétiennes que pensez-vous à ces choses? ces veritez ne touchent-elles pas assez vôtre cœur, pour confesser sa puissance favorable,
& pour vous obliger à luy rendre vos respects?
je le veux croire; voyons donc comment pour
la fin.   B

CHAPITRE III.

*Devotion à la sainte Face de nôtre Seigneur,
pour la fin du Pelerinage.*

COmme ce dernier Chapitre fait la fin de
ce petit écrit, il dit aussi la fin qu'il
faut avoir en la visite de la sainte Face de
nôtre Seigneur ; à sçavoir une intention de
glorifier Dieu en son Fils Jesus-Christ, par
nos adorations & nos prieres en la presence de
sa divine Face, comme il s'ensuit.

*Premiers sentimens de l'ame devote aux
approches de la sainte Face.*

O Mon Dieu, mon Sauveur & mon Roy !
qu'est-ce que je pretens faire ? oseray-je
bien me presenter devant vos yeux ? cette
miserable creature remplie de vices, pouroit-
elle bien esperer d'être vû de bon œil de
vous, ou paroître en vôtre presence sans le
secours de vôtre grace ; Aydez-moy donc
Jesus, puisque me voicy à vos pieds.

Autres sentimens.

Divin Sauveur, montrez-moy donc cette
Face bien-heureuse que les Anges adorent,

& mon ame sera contente. Que vos yeux percent mon cœur, que leurs divins rayons fondent sa grace, & qu'ils charment mon esprit de vôtre amour, pour me faire entendre sa voix jusqu'au fond de ma conscience.

Divine Face, aprés laquelle soûpirent sans cesse les bien-heureux esprits! Miroir sans tâche, sinon de l'effet de mes crimes! charmant Visage desiguré par mes offenses, c'est moy qui a causé cette couleur de sang que je vois à vos yeux; comme j'en ay tous les regrets du monde, je m'offré de grand cœur d'en faire la penitence. Mais mon Jesus traitez-moy de misericorde.

Derniers sentimens

O Dieu, que de bon-heur, pour cette miserable creature que je suis! Tant de Prophetes, de Rois, & de Princes ont desiré de voir cette Face bien-heureuse, & ils ne l'ont pas vû, & cependant mon Sauveur vous en avez gratifié mes yeux & ma pauvre ame. Actions de graces pour un jamais, remerciement infini à vôtre Majesté, jusques à tant que je vous voye encore plus admirablement au

B 2

Ciel, pour continuer à vos pieds mes adorations en toute eternité. Il ne me reste plus que cét unique bon-heur à desirer au monde, & comme je le croy, je le confesse fermement, je l'espere aussi par vôtre sainte grace, & par les merites de la mort & Passion de vôtre Fils, que j'aime & aimeray toûjours de tout mon cœur. Ainsi soit-il.

Meditation sur la venüe de la sainte Face de Iesus-Christ.

MOn Dieu, quelle difference de la douceur de cette Face, d'avec la terreur d'elle-même, au jour du Jugement des hommes, ou de leur mort ! je la vois maintenant dans l'éclat de son humilité, livide, plombée, meurtrie des coups des Juifs, portant l'effort de mes offenses ; au lieu que dans sa gloire les éclats foudroyans de ses yeux feront fremir de crainte les pecheurs. Alors ses terribles regards saisiront les méchans aux approches de leurs vices, jusques dans leur conscience, & pendant que son œil punissant, precipitera les damnez aux enfers; les bons verront deſſus ſon front divin, l'amour, la joye, & leur contentement.

Aſpirations.

O Jeſus, cachez-nous ce terrible Viſage de vôtre rigoureuſe Juſtice, & decouvrez-nous vos amours: détournez vos yeux de mes pechez; & faiſant ſentir à ma pauvre ame les doux rayons de vôtre grace, faites-moy miſericorde. C'eſt tout ce que je peux dire, c'eſt tout ce que j'oſe vous demander. Ainſi ſoit-il.

Autres Oraiſons de grands fruits & merites.

CHrétiens encore que, peut-être, vous n'entendez pas la langue Latine, qui eſt la plus generale & commune de l'Egliſe, ne laiſſez pas de reciter avec une grande foy ces Oraiſons devotes, que je laiſſe en leur langue originaire, pour les mieux ſuivre au ſens & à la lettre, ſelon l'intention de l'Auteur. Cela ne vous empéchera point d'ajoûter & de faire encore les autres Prieres qu'il vous plaira en ce ſaint lieu, à vôtre devotion.

Oraison du Pape Iean XXII. concedant dix mille jours d'Indulgence à ceux & celles qui la reciteront devant la sainte Face de nôtre Seigneur, ou qui ne pouvant pas lire diront cinq Pater noster, &c. regardant la sainte Veronique.

SAlve sancta Facies nostri Redemptoris, in qua nitet species divini splendoris, impressi panniculo nivei candoris dataque *Veronicæ* signum ob amoris.

Salve decus sæculi ; speculum Sanctorum, quod videre cupiunt spiritus cælorum , nos ab omni macula purga vitiorum, & tandem consortio junge Beatorum.

Salve vultus Domini, imago beata, ex æterno munere mirè decorata, lumen funde cordibus ex vi tibi data, & à nostris sensibus tolle colligata.

Salve robur fidei nostræ Christianæ destruens hæreticos qui sunt mentis vanæ, horum auge meritum, qui te credunt sanè, illius effigiem qui Rex sit ex pane.

Salve nostrum gaudium in hac vita dura, labili & fragili citò peritura , nos deduc ad

patriam, ô felix figura, ad videndam Faciem
quæ est Christi pura.

Salve gemma nobilis, vera margarita, cæ-
licis virtutibus perfectè munita, non depicta
manibus, sculpta vel posita, hoc scit sum-
mus Pontifex qui te fecit ita.

Ille color cælicus qui in te splendescit, in
eodem permanet statu nec decrescit, diutur-
no tempore minimè palescit, fecit te Rex
gloriæ fallere qui nescit.

Nesciens putredinem, servans incorruptum,
quod est à Christicola coram te deductum, tu
vertis in gaudium gemitum & luctum, confer
saluberrimum te videnti fructum.

Esto nobis quæsumus scutum & juvamen,
dulce refrigerium atque consolamen, ut nobis non noceat hostium gravamen, sed frua-
mur regno cæli tecum. Amen.

*Oraison d'Innocent Pape, concedant trois ans
d'Indulgence, & remission des peines de leurs
pechez, à ceux & celles qui la reciteront
devant la sainte Image de la Veronique.*

AVe Facies præclara, pro nobis in crucis
ara facta nimis pallida, præ mœrore

denigrata, ſudoreque rubricata ; quam ab-
ſterſit linteum.

In quo manſit tua forma, quæ paſſionis
eſt norma, lucidumque ſpeculum.

Cordi meo ſis impreſſa per te Jeſu, neque
ceſſa hoc cremare, indefeſſa charitatis facula.

Ut poſt vitam vanitatis, contemplare cum
Beatis, poſſim vultû Deitatis, in perenni glo-
riam. Amen.   *Prieres communes.*

℣. Fac mecum ſignum in bonum, ut videant
qui me oderunt & confundâtur. ℟. Quoniam
tu Domine adjuviſti me & conſolatus es me.
℣. Signatum eſt ſuper nos lumen vultus tui
Domine. ℟. Dediſti lætitiam in corde meo.
℣. Illumina faciem tuam ſemper ſervum
tuum. ℟. Et doce me juſtificationes tuas.
℣. Domine Deus virtutum converte nos. ℟.
Et oſtende Faciem tuam & ſalvi erimus.

Oraiſon à Dieu le Pere.

DEus, qui nobis lumine vultus tui ſigna-
tis ad inſtantiam famulæ tuæ *Veronicæ*
tanquam memoriale tuum, imaginem dilecti
Filii tui ſudario impreſſam relinquere volui-
ſti, per paſſionem & crucem ejus tribue no-

bis, ita nunc in terris per speculum in ænigmate teipsum venerari ; ut facie ad faciem venientem quoque super nos judicem, securi videamus eundem Dominum nostrum Jesum Christum Filium tuum. Amen.

Oraison à Dieu le Fils.

O Bon Jesus, qui avez daigné laisser au monde la figure miraculeuse de vôtre sainte Face, faites-nous la faveur, & à tous ceux & celles qui l'adoreront devotement comme il faut icy bas en la terre, d'obtenir la remission de leurs pechez avec une penitence filiale, & aprés leur mort de la contempler tout à decouvert, sans figure dans le Ciel, pour vous y loüer eternellement avec Dieu vôtre Pere, & le S. Esprit, en la compagnie de tous les Saints. Ainsi soit-il.

LES SOLITAIRES ENTRETIENS
d'une ame devote, en forme de dialogue, avec la sainte Face de nôtre Seigneur.

L'AME PARLE.

MOn doux Jesus que je regarde, & que j'adore ; est-ce là cette sainte Face que les Anges reverent ?

Iésus répond. N'en doute point, j'en suis le portrait & l'image.

L'ame. Où sont ces traits divins? & qui a de la sorte terny leur premiere beauté?

Iésus. Point d'autre que toy-même.

L'ame. Quoy Jesus, ay-je bien pû faire ce massacre! obscurcir ce beau front, contrister ces yeux, & noircir ce visage?

Iésus. Toy seul tu l'a mis en cét état.

L'ame. Hé! mon Seigneur, comment suis-je complice ou criminelle de tant de maux?

Iésus. Par tes propres pechez, dont je porte les effets & la peine.

L'ame. O pechez execrables! ô miserable que je suis!

Iésus. Ne desespere point de ma grace, mon amour est encore plus grand que ton offense.

L'ame. Où donc Jesus, auray-je mon recours pour expier mon crime?

Iésus. A mes pieds, par ton humilité & par ta penitence tu trouvera ma grace.

L'ame. Où est mon Avocat, qui peut la faire entériner au parquet de vôtre misericorde?

Iésus. Coure à ma sainte Mere, qui entre ses

ras tient la vraye figure de celuy que tu vois
cy tout defiguré pour ton salut.

L'ame. O sainte Vierge prenez donc en main
la defense d'une pauvre ame pecheresse devant
vôtre cher Fils, reconciliez par vos prieres le
Seigneur avec son esclave, & donnez-nous la
paix pour toute eternité.

Devots élans de l'ame Chrétienne.

O *Le plus beau de tous les hommes !*
Trait de la Majesté de Dieu ;
Astre brillant parmy les ombres,
Que nous adorons en ce lieu ;
  Ayez pitié de ma pauvre ame.

Beauté sans beauté premiere,
Beau teint qui n'a plus de couleur,
Soleil privé de sa lumiere !
Mais toûjours pleins de ses ardeurs ;
  Brûlez mon cœur de vôtre flâme.

Visage qui charme les Anges,
Où les crachats, le sang, & l'eau,
Ont fait de celestes mélanges,
Pour nous le rendre encore plus beau ;
  Consolez-moy de vôtre grace.
Beaux yeux, beau front, divine bouche ;

Sans avoir égard à mon tort
Que vôtre Passion me touche,
Soit en ma vie, ou en ma mort;
Et découvrez-moy vôtre Face.

Litanies de la sainte Face.

KYrie eleison. Christe eleison. Kyrie elei-
son. Christe audi nos. Christe exaudi nos.
Pater de cælis Deus,   Miserere nobis.
Fili Redemptor mundi Deus, miserere nobis.
Spiritus sancte Deus,   miserere nobis.
Sancta Trinitas unus Deus, miserere nobis.
Sancta Facies Jesu Christi,   Aspice in nos &
miserere nobis.
Sancta Facies Filii Dei vivi,
Sancta Facies nati Mariæ Virginis,
Sancta Facies speculum majestatis Dei.
Sancta Facies in quam desiderant Angeli
conspicere,
Sancta Facies Speciosi præ filiis hominum,
Sancta Facies sanguineo sudore respersa,
Sancta Facies proditorio osculo tradita,
Sancta Facies alapis crudeliter cæsa,
Sancta Facies spinis coronata,
Sancta Facies sputis cooperta,

Sancta Facies arundine graviter percussa,
Sancta Facies turpiter velata,
Sancta Facies lacrymis irrigata,
Sancta Facies mille contumeliis onerata,
Sancta Facies omnibus modis afflicta,
Sancta Facies in cruce moriens inclinata,
Sancta Facies in sudario Veronicæ impressa,
Sancta Facies mirabiliter nobis reprefentata,
Sancta Facies gaudium Beatorum,
Sancta Facies folatium in terra juftorum,
Sancta Facies confolatio afflictorum,
Sancta Facies terror dæmonum,
Sancta Facies exemplar virtutum,
Sancta Facies fpes omnium peccatorum,

Agnus Dei, qui tollis peccata mundi, Parce nobis Domine.

Agnus Dei, qui tollis peccata mundi, exaudi nos Domine.

Agnus Dei, qui tollis peccata mundi, miferere nobis.

℣. Oftende nobis Domine faciem tuam.
℟. Et falvi erimus.   Oremus.

Domine Jefu Chrifte, verbum Patris fplendor paternæ gloriæ, ne avertas faciem tuam à nobis, sed illumina super nos Vultum majestatis & benignitatis tuæ, & miserere nostri; ut te toto corde diligere, ac quæ tibi placita sunt fideliter ad implere valeamus in hoc sæculo, & post hanc vitam te revelata tandem facie perpetuò contemplari mereamur. Qui vivis & regnas cum Deo Patre in unitate Spiritus sancti Deus, per omnia sæcula sæculorum. Amen.

AVIS FINAL ET SALVTAIRE
aux Pelerins de la sainte Face.

CHers Pelerins, ne plaignez point vos pas vers cette sainte Image, le dessein que vous avez de la contempler des yeux du corps & de l'esprit, est juste, puis qu'il n'a pour fin, que la veneration de la Face de Jesus-Christ vôtre Seigneur & vôtre Dieu, à qui vous devez tout. Vôtre voyage est le chemin du Paradis : c'est un commencement de vôtre beatitude en la terre, & un heureux moyen pour affermir vôtre esperance de la gloire. Si le Prince des Apôtres nous exhorte d'entreprendre des actions saintes, pour nous rendre cer-

aine la predeftination de nos ames , quelle
voudriez - vous choifir de plus convenable à
ce deffein , que de voir avec foy amoureufe
en ce monde , cette Face bien-heurante , qui
fait au Ciel le defir de tous les Anges , & la
felicité des Saints. Que vous étes donc heureux, *ô devots Pelerins!* fi , uniffant vôtre efprit à vos pas , vous ne cherchez que la gloire
de Dieu dans ce Pelerinage ! Si un Pere Capucin, que je fçay , avoit autant de liberté que
de devotion à venerer icy cette divine Face ,
il ne la quitteroit point de veuë ; penfant
trouver un Paradis terreftre en ce regard , &
tirer de la contemplation de tous fes traits , les
premiers avant-goûts de fa gloire.

Faites donc bon ufage de cette grace, *Voifin
de ce bon-heur , Peuple de la Montagne.* Et
vous ames devotes, Pelerins myftiques fur la
terre , qui n'avez point ny la liberté , ny le
bien de vous en approcher, que par vos pen-
fées & vos foûpirs, regardez en efprit ce qui
n'eft pas permis à vos yeux : & au lieu de
cette Face miraculeufe *de Veronique*, adreffez-
vous à celle d'un Crucifix que vous voyez par

tout : en l'un & l'autre vous y trouverez toûjours l'Image de Jesus-Christ tout disposé à entendre les prieres de vôtre cœur.

APPROBATIONS.

LE soû-signé Docteur de Sorbonne, certifie avoir lû un Livret dressé par un R. P. Capucin, qui porte pour titre LA SAINTE FACE DE NÔTRE SEIGNEUR, &c. auquel je n'ay rien reconu qui fut contre la Doctrine Orthodoxe, mais en son commencement, son progrés, & sa fin fort utile pour augmenter la devotion envers la sainte Face de nôtre Seigneur, & partant nôtre avis est qu'il peut-étre mis sous la presse, afin d'étre communiqué au public. Fait à S. Quentin, le premier Juillet 1660.

L'HERMAN, Chanoine, *Theologal de S. Quentin.*

LE soû-signé Docteur en Theologie de la Faculté de Paris, certifie avoir lû un petit Livret intitulé LA SAINTE FACE DE NÔTRE SEIGNEUR, &c. composé par le R. P. P. de S. Quentin Predicateur Capucin, & ny avoir rien trouvé de contraire à la Foy, ny aux bonnes mœurs. Fait à S. Quentin, le 13. Janvier 1660.

F. N. LE CAT.

www.ingramcontent.com/pod-product-compliance
Ingram Content Group UK Ltd.
Pitfield, Milton Keynes, MK11 3LW, UK
UKHW021655090726
13657UKWH00004B/1989